Princesas

PARA LER E COLORIR

Livros MAGIC

OLÁ! MEU NOME É LIS.

EU ADORO BRINCAR
COM MEU CACHORRINHO.

O NOME DELE É SAPECA.

MEU NOME É GIGI.

EU TENHO UMA GATINHA

MUITO MANHOSA!

EU SOU A PRINCESA SARA.

GOSTO MUITO DE ACORDAR COM O CANTO

DOS PASSARINHOS.

OLÁ! MEU NOME É **BRISA**
E SOU UMA PRINCESA SEREIA.

EU ADORO OUVIR **MÚSICAS!**